Lo Último
CAJA DE HERRAMIENTAS
PARA EL
MINISTERIO

Cómo Recaudar Dinero Para Su Ministerio

Daniel King

All rights reserved under International Copyright Law. Contents and/or cover may not be reproduced in whole or in part in any form without the express written consent of the author.

Cómo Recaudar Dinero Para Su Ministerio

ISBN: 1-931810-30-3

Copyright: 2016
Daniel King
King Ministries International
PO Box 701113
Tulsa, OK 74170 USA
1-877-431-4276
daniel@kingministries.com
www.kingministries.com

Tabla de Contenido

Introducción	5
Audacia	7
Fuente	13
Relaciones	15
Visión	19
Comunicación	21
Persistencia	23
Educación	26
Sabiduría	28
Variedad	30
Boletines	30
Cartas de Agradecimiento	34
Correos electrónicos	35
Banquetes	36
Reunirse con personas de negocios	39

Caja de Herramientas para el Ministerio

    Hablar en Iglesias   41

    Subsidios   41

    Múltiples flujos de ingresos   43

Siembra   44

Introducción

¿Alguna vez ha querido hacer algo para Dios, pero no ha podido por falta de dinero? Tal vez El Señor te ha hablado de que realices un viaje misionero a cierto país, pero por más que tu corazón llore para ir serás incapaz de comprar tu boleto aéreo por no tener fondos extra. Quizá tu iglesia ha superado sus instalaciones actuales y necesitan un nuevo edificio, pero debido a finanzas insuficientes su iglesia no puede permitirse tener una instalación más grande. Todas esas personas que tienen un gran corazón para alcanzar para el reino, parece que todo está fuera de su alcance, debido a la falta de dinero.

El Ministerio requiere dinero. T.L. Osborn dijo, "Sin dinero, no tienes ministerio." Él me dijo, "Si usted no puede recaudar dinero, no llegarás muy lejos en el ministerio." Muchas personas tienen grandes visiones, muchos son de buen corazón, pero ultimadamente el ministerio debe de tener dinero para sobrevivir. El evangelio es gratis, pero se necesita mucho dinero para comunicar las buenas nuevas.

Usted necesita dinero:

Para alquilar el equipo de sonido.

Para enviar una carta por correo.

Para comprar un boleto de avión.

Para publicar un libro.

Para construir una iglesia.

Para alimentar al hambriento.

Hay algunas cosas que usted puede hacer en el ministerio que no requieren dinero. Pero si usted va a cumplir la visión que Dios le ha dado, usted necesita recaudar dinero. Entre más dinero tengas, más personas podrás alcanzar para el Reino de Dios.

Imagine que quieres alimentar a un niño hambriento, pero encontrar que tu bolsillo está vacío. Mírese a sí mismo parado enfrente de una multitud de personas, pero incapaz de comunicarse con ellos porque no tienes sistema de sonido. Visualícese tratando de tomar un avión sin boleto aéreo. Cada uno de estos problemas pueden ser resueltos con un poco de dinero. Eclesiastés nos dice, "el dinero sirve para todo." El dinero le ayudará a resolver problemas, satisfacer las necesidades de las personas y predicar el evangelio.

Recaudar dinero es vital para el cumplimiento de la visión de su ministerio. En toda la historia de la iglesia moderna, todo gran ministerio se convirtió en un gran recaudador de fondos. Ellos se convirtieron en maestros en inspirar a las personas a dar para su visión.

Hoy, la mayoría de ministerios fracasan por falta de dinero más que por otra razón. Conozco muchas personas que quieren ser misioneras, pero porque están hasta las cejas de deudas, nunca están libres para ir al campo misionero. Hay miles de predicadores que desearían predicar cruzadas, pero solo hay un puñado de evangelistas. ¿Por qué? Porque la mayoría son incapaces de recaudar el dinero necesario para hacer cruzadas.

En este libro, quiero compartir contigo diez secretos para ayudarte a recaudar fondos para tu ministerio. Mientras usted ora, aplicando estos principios, creo que los fondos necesarios fluirán a su ministerio. Usted tiene un trabajo que hacer para el Reino, y el Cielo tiene todos los recursos necesarios para para que cumplas tu misión.

Capítulo 1

Audacia

¿Alguna vez has sentido vergüenza cuando intenta recaudar dinero? En una ocasión invite a un amigo a ir conmigo en un viaje misionero. Lo motive para que enviara una carta a todos sus amigos y conocidos pidiéndoles ayuda con el costo del viaje. Sin embargo, mi amigo se sentía incómodo pidiéndole dinero a otras personas porque eso lo hacía sentirse como un mendigo. Por su renuencia, el nunca envió las cartas, nunca recaudó el dinero, y nunca fue conmigo a un viaje misionero.

Esta actitud no es rara. Desde la edad temprana, se nos enseñó a ser auto-suficientes, independientes, para hacer nuestro propio camino en el mundo, y nunca pedirles ayuda a otros. Sin embargo, si usted verdaderamente va a ser efectivo en el ministerio, debe de cambiar su mentalidad vacilante y desarrollar la audacia cuando le pide dinero a las personas.

Recaudar fondos es quizá la parte más difícil del ministerio. D.L. Moody dijo, "Bendecidos sean los recaudadores de fondos porque en el cielo se sentarán junto a los mártires." Un misionero lamentó que estaba más preocupado por la recaudación del dinero que por estar a punto de ser martirizado en el campo misionero.

Caja de Herramientas para el Ministerio

La verdad es que, si Dios te da una visión, Él también llamara a otras personas junto a ti para ayudarte con la provisión. No se avergüence de su mensaje o su llamado.

David Shibley, un misiólogo premier, Explicó que, en las etapas iniciales del ministerio, sentía que llevaba dos sombreros. El primero fue el sombrero del ministerio que le gustaba. El segundo era el sombrero de recaudación de fondos que el odiaba. Un consultor del ministerio le dijo a él que ambos eran en realidad el mismo sombrero, ya que, sin recaudación de fondos, no habría ningún ministerio. David explicó que ahora el siente que es un honor pedirle dinero a las personas para que lo ayuden a alcanzar el mundo para Jesús.

Tu motivo para recaudar fondos debe de ser para cumplir con lo que Dios le ha llamado a hacer. Usted debe de considerarlo un privilegio pedir dinero para ayudar a salvar al perdido. Usted no está pidiendo para usted mismo. Usted está pidiendo para la eternidad. Como un ministro, cuando usted pide dinero no lo está haciendo para satisfacer sus propias necesidades, usted está pidiendo en nombre de otros que no tienen voz. Todo lo que usted es, es un conductor para que la bendición de Dios fluya de una persona a otra necesitada. Supera sentirte incómodo al pedirle dinero a las personas. No te preocupes por lo que piensan los demás. Supera tus miedos.

Un día yo recibí esta carta en respuesta a uno de mis correos de recaudación de fondos:

Hola, yo recibí su correo acerca de su ministerio. *Yo nunca había escuchado de su ministerio y tampoco había pedido ser contactado por su ministerio. No me envíe más correos electrónicos pidiendo dinero. Recuerde lo que Jesús hizo con los mercaderes en el templo... estoy seguro de que usted tiene una comprensión de la fe que*

Dios nos pide que tengamos en Él para proveer nuestras necesidades. Usted debería tratar de tener fe en Dios para sus finanzas en lugar de enviar correos no solicitados a las personas pidiéndoles dinero. Gracias por sacarme de su lista de correos y por favor represente el Reino de Dios con más discreción y respeto por El Padre Celestial.

Estas palabras molestas de este hombre no me afectaron. ¿Por qué? Porque en respuesta a ése mismo correo de recaudación de fondos, yo recibí una donación de $5,000usd. No todo el mundo es llamado a apoyarme, pero es mi responsabilidad encontrar a quien es llamado a ayudarme a guiar a las personas a Jesús.

Santiago 4:2b explica, *"no tenéis lo que deseáis, porque no pedís."* Jesús dijo, *"Pedid, y se os dará; buscad, y hallaréis; llamad, y se os abrirá. Porque todo aquel que pide, recibe; y el que busca, halla; y al que llama, se le abrirá"* (Mateo 7:7-8). Con frecuencia los ministerios no son capaces de recaudar dinero porque no han sido lo suficientemente valientes para pedirle a la gente que den.

De acuerdo con *People Raising* por William P. Dillon, hay tres enfoques para recaudar dinero. El primero fue usado por George Mueller quien tuvo un orfanato en Inglaterra en los 1,800. El nunca compartió sus necesidades con nadie y simplemente confío en Dios para su provisión. Él se comprometió a vivir por fe. Un día él no tenía nada de comida para alimentar sus orfanatos. Él les pidió a todos que se sentaran en la mesa de la cocina. Conforme ellos inclinaban sus cabezas para orar, hubo un toque en la puerta, al abrirla había en la grada una cesta de alimentos preparados con suficiente comida para todos los huérfanos para que todos los huérfanos comieran. Durante todo su ministerio, Mueller nunca compartió sus

necesidades ni envío información pidiendo dinero, cada vez que él enfrentó a una crisis, Dios envió sobrenaturalmente a alguien para ayudar con la necesidad.

Hudson Taylor, un misionero de China, usó el segundo método. El compartió sus necesidades con las personas, pero nunca les pidió directamente ayuda. El creyó en compartir la información, pero no en solicitar directamente.

Otro gran hombre de Dios fue D.L. Moody de Chicago, Illinois. Moody fue conocido como un agresivo recaudador de fondos. El frecuentemente iba a las oficinas de las personas de negocios locales y les pedida su ayuda. Frecuentemente salía de las oficinas con un gran cheque. En el museo Billy Graham de la Universidad Wheaton hay una de sus cartas de recaudación de fondos que envió a las escuelas dominicales de todo Estados Unidos pidiendo donaciones. Moody era fuerte y persistente en pedirle a las personas dinero para ayudarle a financiar sus proyectos de alcance ministerial. Él activamente compartía información acerca de las necesidades del ministerio, y agresivamente les solicitaba fondos a las personas.

Personalmente, a mí me gusta usar el método de D.L. Moody. No hay nada incorrecto con lo que George Mueller y Hudson Taylor hicieron, pero yo creo que el más audaz es pedir dinero, más personas se inspiran para dar. Ningún método es el correcto o incorrecto. Cada ministro debe de pedir dirección a Dios concerniente a cuál método usar para recaudar dinero. Si alguna de mis exposiciones en este libro acerca de recaudación de fondos parece muy agresiva, siéntase libre de desarrollar su propio estilo de recaudar dinero. Dios honrará su fe y no importa cual método usted decida seguir.

Es Bíblico que el pueblo de Dios apoye a los trabajadores de Dios.

Cómo Recaudar Dinero Para Su Ministerio

1. Dios instruyó a los israelitas para apoyar la tribu que fue llamada a servir. *"Y he aquí yo he dado a los hijos de Leví todos los diezmos en Israel por heredad, por su ministerio, por cuanto ellos sirven en el ministerio del tabernáculo de reunión"* (Números 18:21).

2. Elías pidió a la viuda de Sarepta sembrar una semilla significativa en su vida. Elías (1° Reyes 17:8-16).

3. Jesús fue apoyado por sus seguidores. *"Aconteció después, que Jesús iba por todas las ciudades y aldeas, predicando y anunciando el evangelio del reino de Dios, y los doce con él, y algunas mujeres que habían sido sanadas de espíritus malos y de enfermedades: María, que se llamaba Magdalena, de la que habían salido siete demonios, Juana, mujer de Chuza intendente de Herodes, y Susana, y otras muchas que le servían de sus bienes"* (Lucas 8:1-3).

4. Jesús les dijo a los Doce que confiara en Dios por personas que los apoyaran mientras ellos predicaban. *"No os proveáis de oro, ni plata, ni cobre en vuestros cintos; ni de alforja para el camino, ni de dos túnicas, ni de calzado, ni de bordón; porque el obrero es digno de su alimento. Mas en cualquier ciudad o aldea donde entréis, informaos quién en ella sea digno, y posad allí hasta que salgáis"* (Mateo 10:9-11).

5. Pablo le pidió a la Iglesia Romana que lo asistiera con su viaje misionero a España (Romanos 15:24).

6. Pablo le pidió a la Iglesia de Corinto apoyo mientras se dirigía a Judea. (2° Romanos 1:15-16). Le sugiero que haga un estudio en profundidad de 2 Corintios capítulos ocho y nueve con el fin de ver la agresividad con que Pablo pidió dinero.

7. Pablo dio gracias a la Iglesia de Filipos por apoyarlo incluso cuando ninguna otra iglesia le estaba ayudando. *"Pero todo lo he recibido, y tengo abundancia; estoy lleno, habiendo recibido de Epafrodito lo que enviasteis; olor fragante, sacrificio acepto, agradable a Dios. Mi Dios, pues, suplirá todo lo que os falta conforme a sus riquezas en gloria en Cristo Jesús"* (Filipenses 4:18-19).

Capítulo 2

Fuente

Dios es tu fuente. No mires a la gente para tu financiamiento, mira a Dios. De esa manera, cuando alguien no dé, no estarás desmotivado. Dios traerá gente a tu lado para apoyarte, pero nunca vea a las personas como su fuente de financiamiento. Cada vez que yo empiezo a buscar a una persona en particular para que nos apoye, inevitablemente me desmotivo. Pero, cuando confío en Dios para mi provisión, Él siempre suple mis necesidades, frecuentemente de maneras sorprendentes.

Nadie le debe cualquier cosa más que amor. Ponga su fe en Dios, no en las personas. El libro de Hebreos instruye: *"puestos los ojos en Jesús, el autor y consumador de la fe..."* (Hebreos 12:2).

Mis padres se convirtieron en misioneros en México cuando yo tenía diez años de edad. Ellos salieron hacia el campo misionero sin un cheque de pago regular, sin ninguna fuente externa de ingresos, y con sólo unas personas que los apoyaron. Yo veía que ellos confiaban en Dios cada mes por dinero para comprar comida para nuestra familia y ni una sola vez pasamos hambre.

Vimos la provisión de Dios en muchas ocasiones. Una vez mis padres solo tenían cinco dólares. Ellos decidieron usar la mitad para comprar un galón de leche y sembraron los otros $2.50 en otro min-

Caja de Herramientas para el Ministerio

isterio. Tarde de ese día, un amigo les dio un sobre con un cheque de $2,000.

Como adolescente, empecé a creerle a Dios por dinero para ir en viajes misioneros. El primer viaje misionero que yo tome requería $500. Para mí, ese monto me parecía imposible. Pero Dios proveyó sobrenaturalmente. Mi próximo viaje costó $1,200. Otra vez, Dios proveyó. Ahora yo regularmente confío en Dios para decenas de miles de dólares para nuestras cruzadas.

El Salmista observó, *"Joven fui, y he envejecido, y no he visto justo desamparado, Ni su descendencia que mendigue pan"* (Salmo 37:25).

La voluntad de Dios es ley de Dios. Hudson Taylor dijo, "La obra de Dios hecha en el camino de Dios nunca le falta la provisión de Dios." Dios tiene recursos abundantes, y Él es tu Proveedor.

Aquí hay algunas escrituras que construirán su fe a medida que usted confíe en Dios por provisión:

"Mas yo en ti confío, oh Jehová; Digo: Tú eres mi Dios" (Salmos 31:14).

"Mejor es confiar en Jehová que confiar en príncipes" (Salmos 118:9).

"El altivo de ánimo suscita contiendas; Mas el que confía en Jehová prosperará" (Proverbios 28:25).

"Bendito el varón que confía en Jehová, y cuya confianza es Jehová" (Jeremías 17:7).

Capítulo 3

Relaciones

Todo en el ministerio se eleva y cae en las relaciones. De acuerdo con Betty Barnett en su libro Friend Raising, es mejor enfocarse más en ser un amigo de fondos que un recaudador de fondos. Si usted se enfoca en construir relaciones, no solamente sus esfuerzos por recaudar de fondos serán más exitosos, sino que también los corazones de las personas invertirán en su visión.

La recaudación de fondos debería venir de quien usted conoce mejor, como su familia, amigos cercanos y su iglesia local. Entre más personales sean sus esfuerzos para recaudar fondos, más efectivos serán. A las personas les gusta dar a quienes ellos conocen, por quienes se preocupan y en quienes confían.

1. Darse cuenta de que cada relación es importante. Cuando Jesús caminó en esta tierra, Él hizo las relaciones Su mayor prioridad. Jesús era una persona de gente, y quiero ser alguien de gente al igual que Él. Yo trabajo duro en mantener mis relaciones y formar nuevas. Cuando conozco a alguien, a menudo le pido su correo electrónico o su tarjeta de negocios. Yo continúo agregando personas a mi lista de correo postal y correo electrónico. Usted nunca sabe cuándo uno de estos contactos se puede convertir en un socio regular de su ministerio.

2. **Reme su canoa en muchas aguas diferentes.** Cuando empecé mi ministerio, me uní a una pequeña beca del ministerio. Yo viaje y predique en muchas de las iglesias del programa, pero un día me di cuenta que yo nunca sería capaz de lograr todo lo que Dios me había llamado a hacer si yo me limitaba a mí mismo a un programa. Yo empecé a asistir a una variedad de conferencias y unirme a varias organizaciones. Entre más círculos usted sea parte, mas exitoso será su ministerio.

3. **Nunca queme los puentes.** Uno de mis amigos era pastor de jóvenes de una iglesia denominacional. Cuando él decidió lanzarse fuera a tiempo completo a un ministerio evangelísticas, el me pregunto si debería cortar los lazos con esta denominación. Yo lo anime a mantenerse conectado con la denominación lo más posible. Ahora, la mayoría de las iglesias en las que él predica pertenecen a ese grupo.

Porque las personas son únicas y reemplazables es importante valorar sus relaciones. Mantener las relaciones es comúnmente más fácil que construirlas completamente nuevas. A pesar de que las relaciones toman tiempo para cultivarlas, establecerlas bien y alimentarlas, pueden convertirse en tu mayor tesoro.

4. **Dele a sus relaciones importantes un toque personal.** Algunas veces cuando los ministerios crecen sus esfuerzos por recaudar fondos empiezan a verse como un mercadeo masivo. Sin embargo, entre más personal sea su interacción con sus socios, es mejor. Tome tiempo para escribir a mano una carta de agradecimiento, hacer una llamada de teléfono, enviar una tarjeta postal, o invitar a la gente a su casa para cenar. Por ir la milla extra usted convertirá sus contac-

Cómo Recaudar Dinero Para Su Ministerio

tos en contribuidores, y los socios se convertirán en amigos cercanos que se quedarán con usted de por vida.

Trate sus donadores como trata a sus mejores amigos. Envíeles tarjetas de cumpleaños, navidad y aniversario. Envíe fotos de su familia y reportes acerca de lo que usted está haciendo. Envíe pequeños regalos de aprecio. Recuerde que es importante para ellos. Invítelos a visitarle en su campo misionero. Ore por ellos. Recuerde los nombres de sus hijos.

5. Un trabajo en equipo hace que el sueño funcione. Uno de mis grandes secretos en recaudar fondos es involucrar a otros en los esfuerzos de recaudación. En una de mis primeras cruzadas en Panamá, hubo múltiples ministerios que compartieron el presupuesto. Mi co-evangelista levanto parte del dinero, un ministerio de niños pago por el proyecto de alcance infantil, un pastor de jóvenes contribuyó para el concierto juvenil, algunas damas ayudaron con el costo de la conferencia de mujeres, y un pastor dio para la conferencia de liderazgo. Por mí mismo, yo no tenía todo el presupuesto, pero trabajando juntos, fuimos capaces de sacudir la ciudad. Equipo significa todos juntos alcanzan milagros.

6. Use los tiempos de comer para construir relaciones con otros. Keith Ferrazzi escribió un gran libro, Nunca Coma Solo. Invite a personas a su casa a cenar. Lleve a personas a fuera a almorzar. Las reuniones cara a cara es probablemente la mejor forma de construir relaciones. Incluso el Apóstol Juan conocía que reunirse con las personas era mejor que escribir una carta. Tengo muchas cosas que escribiros, pero no he querido hacerlo por medio de papel y tinta, pues espero ir a vosotros y hablar cara a cara, para que nuestro gozo sea cumplido. 2° Juan 1:12.

7. Las personas desean tener una conversación mutua con usted. Haga un camino para que esto suceda. Es tan importante escuchar a los demás como lo es hablarles. Provea una vía para que las personas compartan sus peticiones de oración y testimonios con usted. Preocúpese por las personas como individuos que son.

Capítulo 4

Visión

La visión maneja la recaudación de fondos, no la necesidad. Las personas no dan para la necesidad, dan para la visión. Si usted quiere recaudar dinero, usted debe de tener una clara visión y enfoque. ¿Qué fuiste llamado a hacer? ¿A quiénes vas a alcanzar? ¿Si te doy dinero, que harás con el?

Cuando yo tenía quince años de edad, leía un libro acerca de cómo ser exitoso. Una de las metas que este libro mencionaba era que las personas jóvenes trataran de convertirse en millonarios antes de los treinta años. Debido a mi crianza como misionero en México, me di cuenta que el dinero no era importante para mí, sino las almas. Yo escribí esta meta: "Yo, Daniel King, quiero guiar a un millón de personas a Jesús antes de que cumpla treinta años de edad". Esta meta se convirtió en mi visión. Todo el tiempo que hablo, lo hago acerca de mi visión de dirigir un millón de personas a Jesús. Antes de que cumpliera treinta, completé la meta. Ahora, mi visión es guiar un millón de almas a Cristo cada año.

Aquí hay algunos principios fundamentales a tener en cuenta acerca de la visión:

1. Un ministerio sin visión fracasará.

La Biblia dice, *"sin visión el pueblo perece"* (Proverbios 29:18). Si apuntas a la nada, nunca alcanzarás nada. Usted debe de tener un plan. Si usted no puede planear, usted planea fallar. Proverbios 21:5

dice, *"pensamientos del diligente ciertamente tienden a la abundancia; Mas todo el que se apresura alocadamente, de cierto va a la pobreza."*

2. Su visión debe de ser escrita. Habacuc 2:2-3 dice, *"Y Jehová me respondió, y dijo: Escribe la visión, y decláral en tablas, para que corra el que leyere en ella. Aunque la visión tardará aún por un tiempo, mas se apresura hacia el fin, y no mentirá; aunque tardare, espéralo, porque sin duda vendrá, no tardará."*

3. Calcule el costo de su visión antes de empezar. Lucas 14:28-30 dice, *"Porque ¿quién de vosotros, queriendo edificar una torre, no se sienta primero y calcula los gastos, a ver si tiene lo que necesita para acabarla? No sea que después que haya puesto el cimiento, y no pueda acabarla, todos los que lo vean comiencen a hacer burla de él, diciendo: Este hombre comenzó a edificar, y no pudo acabar."*

4. Comunique su visión con bases regulares. Conoce que es lo que quieres hacer y comunica tu visión con tus socios. Usted debe de saber quién es y comunicarlo millones de veces antes de que las personas vayan a saber quién eres. Hable acerca de su visión con todas las personas que conoces. Ponga su visión en cada pieza de publicidad que usted de. Este seguro de que su visión está en su tarjeta de negocios. Cuando las personas le llamen, ellos deberían de escuchar su visión en su contestadora de voz.

5. La marca es importante para los ministerios. Las personas no te pueden dar sino saben quién eres o que haces. Sin embargo, la marca por sí misma no recauda dinero. La conciencia no recauda dinero, una visión lo hace. La marca debería siempre estar conectada con una recaudación de fondos inteligente. Por ejemplo, este seguro de que al final de un video publicitario haya un gancho de recaudación de fondos; no que acabe desapareciéndose en la nada.

Capítulo 5

Comunicación

La comunicación es invaluable. Conforme recaude dinero para su ministerio, comunique regularmente su visión y su plan. ¿Quién es usted? ¿Qué está tratando de cumplir? Esta continua comunicación mantendrá su rostro y su visión frente a las personas en todo momento.

Comunícate de manera obsesiva con los socios y amigos. Recuerde, es la rueda chirriante que obtiene engrase. Fuera de la vista es por lo general fuera de la mente. La mayoría de las personas no tienen en usted regularmente, no porque usted no es importante para ellos, sino porque sus vidas son muy ocupadas. Haga algo para recordarles que usted existe.

Siempre habla de tu visión. Si usted no habla de ella, nadie más lo hará. Es posible que usted tenga lo más grande que pasará en el mundo, pero si nadie sabe que estás haciendo, como puedes sostenerla.

Todas las personas que han dado a nuestro ministerio en el año pasado reciben un boletín mensual. Todos los que dan este mes también reciben una carta de agradecimiento adicional. Las personas que están en nuestra lista, pero no dan en un tiempo largo, reciben una carta tres o cuatro veces al año. Nosotros también enviamos tarjetas postales y escribimos a mano tarjetas de agradecimiento para

quienes más nos apoyan. Desde mucho tiempo, yo llamo a las personas que han sido dadores significativos.

Un gran número de personas reciben un e-mail de mi parte dos o tres veces al mes. Al final del año, todos los que han dado reciben un recibo oficial por sus donaciones. Yo también envío correos especiales a las iglesias para promocionar mis predicaciones, y a las librerías para promocionar mis libros. Cuando las personas nos envían una petición de oración, normalmente les damos seguimiento con una llamada personal o una carta para que sepan que estamos orando.

Si esto suena a mucha comunicación, usted está en lo correcto. Pero nosotros vemos la comunicación con nuestros socios como una parte esencial de nuestro ministerio. Escribiendo y llamado a las personas, les mostramos que nosotros cuidamos y mantenemos a las personas informadas, además de que les damos a las personas la oportunidad de continuar apoyándonos.

Se devoto en su comunicación. Escuche a El Espíritu Santo. Tome tiempo para escribir sus cartas para que ellas puedan ministrar las necesidades de sus socios. En la comunicación recuerde, esto no es sólo acerca de usted - se trata de sus socios.

Capítulo 6

Perseverancia

Uno de mis amigos envío una carta de recaudación de fondos a 100 personas. Él estaba desmotivado porque solo un par de personas respondieron a la cara. Debido a la falta de respuesta, el decidió que no era llamado a ser un ministro. El simplemente se rindió muy pronto.

A Winston Churchill se le pidió dar un discurso en la escuela de un niño. Después de una larga introducción por parte del director, finalmente se levantó Churchill y dio un discurso de ocho palabras. Él dijo, "Nunca, nunca, nunca, nunca, nunca, nunca te rindas". Entonces, él se sentó de nuevo. Este fue el mejor consejo que el hombre cuya fortaleza moral le dio a Inglaterra la fuerza para resistir la invasión Nazi.

Una vez hubo un granjero quien accidentalmente dejó una cubeta llena de crema fresca en el granero. Dos ranas cayeron dentro de la cubeta. Ellas empezaron a nadar, pero una rana rápidamente se rindió. Ella dejo de mover sus pies y se ahogó. Pero la otra rana estaba comprometida a sobrevivir. Ella movía sus patas hasta que finalmente produjo la crema en mantequilla. Salto y se escapó afuera por su perseverancia.

Calvin Coolidge dijo, "Nada en este mundo puede tomar el lugar de la perseverancia. El talento no lo hará, nada es más común que personas talentosas sin éxito. Ser genio no lo hará, un genio sin recom-

Caja de Herramientas para el Ministerio

pensa es casi un proverbio. La Educación no lo hará, el mundo está lleno de negligentes educados. La perseverancia y la determinación son omnipotentes. El eslogan 'siga adelante' ah resuelto y siempre resolverá los problemas de la raza humana."

No espera ninguna solución o llave mágica para levantar fondos. Construir un ministerio toma tiempo, consistencia, y una trayectoria. Relaciones con los socios solo pueden ser construidos durante un periodo de tiempo de ser fiel a su vocación. No se desanime cuando el dinero no entra inmediatamente. Manténgase haciendo lo que Dios le dijo que hiciera. Manténgase diciéndole a las personas lo que Dios le dijo que hiciera. Conoce que eres una persona llamada por Dios y confíe en Dios por la provisión. Dios no te llamaría sin llamar también personas para que te ayuden. Talvez usted deberá trabajar duro para encontrar aquellos quienes son llamados a ayudarle, pero sabe que están ahí fuera.

En *Good to Great* uno de los mejores libros de negocios disponibles, Jim Collins explica que es a lo que él llama el principio del volante. A mí me gusta llamarlo "el principio del carrusel". Imagine ir a un área de juegos y empezar empujando el carrusel. Primero, usted se esfuerza mucho, pero se mueve extremadamente despacio. Conforme usted continúe empujando, gana impulso. Eventualmente el carrusel se acelera y usted puede mantenerlo girando rápidamente con un mínimo esfuerzo. La clave para ser exitoso en el ministerio es mantenerse empujando el carrusel. Un solo individuo que empuje para recaudar dinero quizá solo producirá un éxito minino, pero conforme usted continúe empujando, su momento continúa construyéndose, y a través del tiempo usted se convertirá en extremadamente exitoso.

Cómo Recaudar Dinero Para Su Ministerio

Rick Godwin dijo, "La única cosa en la vida que es fácil es abandonar, es por eso que mucha gente lo hace". Eliseo le dijo a Naamán que se sumergiera en el rio siete veces para que pudiera ser curado de la lepra. Si él se hubiera detenido después de seis veces no hubiera sido sanado. Su perseverancia trajo el milagro.

Empiece donde estás y manténgase empujando hasta que algo funcione. Billy Joe Daugherty explicó cómo su iglesia fue capaz de construir sin deudas cuando él dijo, "Primero, matamos el león, luego el oso, y después matamos el gigante." Nunca trate de matar un gigante cuando usted nunca ha asustado ni siquiera a un gatito. Empiece en el nivel donde usted está y construya su fe conforme vence los obstáculos.

Mantente avanzando, empujando hasta que algo funcione. No se rinda. De pasos todos los días en dirección a lo que Dios le dijo que hiciera. Al final del año, usted habrá tomado 365 pasos hacia su sueño.

Capítulo 7

Educación

Un predicador dijo que todo lo que él necesita saber está en la Biblia. Él presumió que nunca leía otro libro. Esta actitud es un error. Los predicadores frecuentemente citan un verso que dice, "La riqueza de los malvados está reservada para los justos". Mucha sabiduría acerca de obtener la riqueza del mundo es encontrada en libros de negocios, escritos por emprendedores exitoso.

Si usted quiere ser bueno en recaudar dinero, lea libros acerca de mercado, recaudación de fondos, publicidad y marca. Conviértase en autoridad en negocios no-lucrativos. Estudie acerca de cómo los museos y hospitales levantan dinero para sus proyectos. Haga preguntas a las personas que son expertas en recaudación de fondos. Asista a seminarios y enseñe principios de filantropía.

Inscríbase en las listas de correo. ¿Cómo recaudan dinero otras personas? Yo empecé apoyando varios ministerios así que yo recibía sus cartas mensuales de recaudación de fondos. (Además, yo creo en la siembra). Algunas organizaciones pagan miles de dólares a consultores para que les ayuden a escribir sus solicitudes. Ellos sistemáticamente prueban sus cartas enviándolas a una cantidad masiva de donantes potenciales. Yo puedo ver su mejor material simplemente por enviarles una donación de $10 una vez al mes. Entre mejor educado sea usted en el arte de recaudar dinero, más capaz será de recaudar.

Cómo Recaudar Dinero Para Su Ministerio

Ya que Dios nunca le confiara a usted recursos que usted no esté preparado para manejar, edúquese a usted mismo en cómo dar cuenta del dinero correctamente. Pídale consejo a mentores. Escuchando hombres y mujeres de Dios con experiencia, usted puede evitar errores. Proverbios 15:22 dice, "Los pensamientos son frustrados donde no hay consejo; Mas en la multitud de consejeros se afirman".

Marilyn Hickey me dijo, "Recaudar fondos es una ciencia". Hay un camino correcto y un camino incorrecto para recaudar dinero. Edúcate a ti miso para descubrir el mejor camino de la recaudación de dinero.

Capítulo 8

Sabiduría

Una de las herramientas más extremas para recaudar fondos es apropiarse de la sabiduría de Dios. Proverbios 24:3 nos dice, *"Con sabiduría se edificará la casa, Y con prudencia se afirmará."* Sin sabiduría como fundamento, cualquier cosa que construyamos eventualmente se derrumbará.

Aquí haya algunas llaves para mantener en mente mientras aplicamos la sabiduría en la recaudación de fondos:

1. Use sabiduría financiera. Utilice cada dólar sabiamente. Con lo que usted es fiel, Dios lo multiplicará. En la parábola de los talentos, el señor le dijo a su sirviente, *"Bien, buen siervo y fiel; sobre poco has sido fiel, sobre mucho te pondré"* (Mateo 25:21).

2. Realice un seguimiento de cada dólar y cada donante. Tenga facturas y recibos de todo. Mantenga un historial de quien le ha dado dinero. Esta información es vital para dar contabilidad de su ministerio al gobierno y a los donantes.

3. Deje a un lado un porcentaje de su dinero para un día lluvioso. Esto es difícil porque siempre hay más necesidades ministeriales por hacer que recursos disponibles. Pero si usted se disciplina a sí mismo y pone dinero aparte, usted estará agradecido después. Los tiempos duros vendrán, pero si usted tiene dinero en el banco, usted puede superar los momentos difíciles sin que su ministerio falle. Proverbios también nos da revelación a ahorrar: *"Las hormigas,*

Cómo Recaudar Dinero Para Su Ministerio

pueblo no fuerte, y en el verano preparan su comida" (Proverbios 30:25).

4. Negocie todo. Hay dos formas de tener dinero: 1) recaudando mucho dinero, y 2) gastando lo menor posible. Recuerde, el dinero que usted recaude no le pertenece a usted; pertenece a Dios. Usted tiene la obligación de ser mayordomo de lo que Dios le ha confiado. En lugar de pagar el precio solicitado, siempre pida un trato o un descuento.

5. Recaude dinero en etapas. No trate de morder más de lo que puede masticar. Ponga plazos de lo que necesita. Desarrolle líneas de tiempo.

6. Sea sincero en su recaudación de fondos. Haga lo que les dijo a las personas que va a hacer. En el momento que usted dice que hará algo, es mejor que lo esté haciendo o usted está mintiendo. Tenga integridad en lo que usted hará con lo que las personas le dan. Pablo amonesta, *"evitando que nadie nos censure en cuanto a esta ofrenda abundante que administramos, procurando hacer las cosas honradamente, no sólo delante del Señor sino también delante de los hombres"* (2° Corintios 8:20-21).

7. Conozca el propósito del dinero. Larry Keefauver dijo, "En el ministerio, el dinero es un medio, no un fin". Dinero es simplemente una herramienta; no es una meta. Si se enfoca mucho en el dinero, usted perderá el enfoque en ministrar a las personas. Jesús dijo, *"Ninguno puede servir a dos señores; porque o aborrecerá al uno y amará al otro, o estimará al uno y menospreciará al otro. No podéis servir a Dios y a las riquezas"* (Mateo 6:24). Nunca use el dinero del ministerio como dinero personal. Recuerde, cuando usted recibe dinero para el ministerio, este no te pertenece, eres simplemente un mayordomo.

Capítulo 9

Variedad

Todos hemos oído el cliché, "La variedad es la sal de la vida". En la recaudación de fondos, la variedad agregará una continua frescura a sus esfuerzos. Así que sea creativo y piense afuera de la caja. Dios es su fuente, pero Él tiene muchos recursos y formas de conseguir fondos para usted. Durante mis años en el ministerio, he probado miles de formas diferentes de recaudar dinero. No dejo de tirar barro en las paredes con el fin de ver qué se pega.

A medida que usted levante fondos para su ministerio, pruebe diferentes métodos hasta que descubra cual funciona para usted. Aquí hay algunas ideas que es posible que desees probar:

1. Escriba boletines de noticias.

Las Cartas son aún una de las mejores vías de comunicación.

Enviar a las personas un sobre físico en el correo es la mejor forma para que las personas le envíen cheques.

Jim Zirkle dijo, "si usted espera escuchar de sus socios mensualmente, ellos tienen que escuchar de usted mensualmente". Mis padres han enviado mensualmente boletines de noticias a sus amigos durante veinte años. Como niño, yo pase mucho tiempo metiendo cartas dentro de los sobres. Mi madre me dijo, "Daniel, mientras que

seas parte de esta familia, necesitas ayudar a llenar las cartas de información". Frecuentemente estuvimos levantados trabajando toda la noche, con el fin de asegurarnos de que las cartas fueran enviadas antes de fin de mes. La consistencia en enviar cada carta, cada mes, es lo que permitió a mis padres estar en el campo misionero por muchos años.

Llaves para escribir una carta:

• Crea una buena oración de entrada o pregunta para capturar la atención del líder.

• Revise la ortografía y la gramática.

• Escriba de forma conversacional como si estuvieras hablando con un amigo. Aunque la carta es enviada a miles, es leída individualmente.

• Use una voz activa. Evite verbos pasivos.

• Mantenga palabras, oraciones y párrafos cortos. Mantenga la carta simple.

• Es mejor decir "usted" en lugar de decir "yo". Ejemplo: En lugar de decir: *Yo estaba sorprendido acerca de lo que Dios hizo*, escriba, *usted se hubiera asombrado.*

• Recuerde, una foto vale más que mil palabras.

• Deje algunos espacios en blanco. A las personas no les gusta leer una escritura que se extiende desde un lado de la página hasta el otro lado.

• Use subrayado para resaltar sus puntos más importantes.

Caja de Herramientas para el Ministerio

• No use letras mayúsculas a no ser que quiera que las personas piensen que usted está gritando.

• Use su carta para comunicar su visión, para ministrar a sus socios, y para expresar su aprecio por su apoyo.

• Poner una línea de captura afuera de el sobre que pueda animar a las personas a abrir la carta. Ya que muchas cartas son lanzadas al basurero sin ser abiertas, algo escrito en el sobre puede sostener la atención de las personas lo suficiente para abrirlo. Escriba una nota a mano si usted puede.

• Usar sus cartas de boletines informativos para contar historias acerca de lo que su ministerio está alcanzando, es cumplir con la donación de los sembradores. También recuerde al lector que el trabajo no termina todavía, que usted aún necesita su apoyo.

• Cada carta que usted envíe debe de tener un llamado a actuar, un formulario de respuesta, un recurso de respuesta (sobre de regreso). En el formulario de respuesta, permítale al donador escoger una necesidad específica a la que irá su siembra.

• Escriba de lo general a lo específico. Empiece por mostrar lo que Dios está haciendo, luego comparta una necesidad, luego pídale al lector ayudar a satisfacer esa necesidad. Construya hacia una solicitud específica al final de la carta. ¿Qué quieres que haga el lector? No le pidas a las personas que consideren apoyarlo, porque todas ellas lo harán. Pídales que te apoyen.

• Prepare una "serie de bienvenida" de correo para nuevos nombres. Cuando alguien nos da su dirección, les enviamos a ellos tres cartas. La primera carta explica nuestra visión, la segunda pide dinero para un proyecto específico, la tercera ofrece uno de nuestros proyectos

Cómo Recaudar Dinero Para Su Ministerio

en cambio por la donación. Si la persona responde a una de estas cartas, entonces la ponemos en nuestra lista de correo mensual. Sin embargo, si no responden a mis mejores cartas, cada vez es más improbable que alguna vez responda.

Después de pagar por el diseño, impresión, poner en el sobre y enviar la carta, el costo promedio es de $1 por cada carta que enviamos. Esto significa que poner a alguien en mi lista de correo mensual cuesta $12 por persona. Si yo envío cartas a personas que nunca dan, simplemente estoy gastando el dinero.

• Nosotros enviamos nuestras cartas mensuales a todas las personas quienes han dado a nuestro ministerio en los últimos doce meses. En ocasiones, nosotros enviamos un correo a todas las personas en nuestra lista, solo para ver si podemos lograr que alguien se convierta en un donador regular.

Errores a evitar cuando escribimos cartas de noticias.

• No les pida dar una única donación. Hacer eso suena como que usted nunca quiere que ellos vuelvan a dar. En lugar de eso, pida por una "donación especial" o una "primera donación".

• Evite escribir acerca de su déficit. En cambio, mencione necesidades específicas.

• Es mejor no pedirles a las personas dar a su presupuesto general. El dador desea conocer más específicamente para qué se usará su donación.

• No pida finanzas sin darle al donador un periodo de tiempo para responder. Ponga una fecha tope para recaudar el dinero.

- Nunca se disculpe por pedir dinero para satisfacer una necesidad. Recuerde, usted le está dando al donador la oportunidad de sembrar en el trabajo de Dios.

2. Escriba cartas de agradecimiento.

Cuando reciba una donación, es apropiado y se aprecia enviar una carta de agradecimiento. Cuando alguien da, le enviamos una carta de recibido/agradecimiento dentro de unos días. Las personas quieren saber si usted recibió la donación y que usted está agradecido.

Cada mes yo escribo una carta general de agradecimiento para las personas que dan a nuestro ministerio. Entonces, yo personalizo el primer párrafo para el dador específico. Éste método ha tenido éxito en la comunicación con socios.

Podemos aprender cómo establecer un buen reporte con los socios observando el ministerio del apóstol Pablo. Primero que todo, Pablo regularmente agradecía a sus socios en sus cartas. A sus socios en la Iglesia de Roma, les escribió, *"Primeramente doy gracias a mi Dios mediante Jesucristo con respecto a todos vosotros, de que vuestra fe se divulga por todo el mundo"* (Romanos 1:8). A los Corintios les dijo, *"Gracias doy a mi Dios siempre por vosotros, por la gracia de Dios que os fue dada en Cristo Jesús"* (1° Corintios 1:4). Él también escribió lo siguiente a los socios filipenses: *"Doy gracias a mi Dios siempre que me acuerdo de vosotros"* (Filipenses 1:3).

Segundo, Pablo oraba regularmente por sus socios. El escribió *"Siempre orando por vosotros, damos gracias a Dios, Padre de nuestro Señor Jesucristo"* (Colosenses 1:3). Él también dijo, *"Da-*

mos siempre gracias a Dios por todos vosotros, haciendo memoria de vosotros en nuestras oraciones" (1° Tesalonicenses 1:2).

Consejos para escribir una carta de agradecimiento:

• Envíe una carta de agradecimiento pronto después de recibir una donación. Mencione el monto de la donación.

• Comparta algunos resultados recientes de su ministerio.

• En cada carta de agradecimiento, incluya otro sobre. Frecuentemente las personas responderán a una carta de agradecimiento con otra donación.

• De vez en cuando, levante el teléfono y llame a quienes han sido fieles donadores o a quien ha dado por encima de un monto predeterminado.

3. Envíe correos electrónicos.

Yo usualmente envío dos o tres correos electrónicos cada mes. Estos son cortos, ráfagas informativas de comunicación que mantienen a la gente al día con lo que estamos haciendo. Los correos electrónicos deben ser ágiles, rápidos y frecuentes. En nuestra era moderna, el correo electrónico es como más y más personas se comunican.

Si las personas no responden a mis cartas, los quitamos de nuestro boletín mensual a fin de ser sabios administradores con nuestros recursos. Sin embargo, nosotros nunca sacamos a nadie de nuestra lista de correo electrónico, a menos que lo soliciten. El correo electrónico es barato, fácil, a todo color y perfecto para mantener a las personas informadas. Es fácil de incluir fotos y videos de lo que usted está haciendo.

Caja de Herramientas para el Ministerio

Llaves para escribir un correo electrónico:

• Mantenga los correos cortos, dulces y al punto.

• Exprese una idea en cada correo. Las personas no tienen tiempo para leer mensajes de correo electrónico largos.

• Use fotos.

• Haga que las personas puedan des-inscribirse fácil de su lista de correo si ellos desean hacerlo.

• Es importante que las personas tengan una vía segura, fácil de encontrar y de usar para donar a su ministerio en línea. A las personas les gusta dar en línea por la comodidad, rapidez y la capacidad de reaccionar rápido a una necesidad urgente.

• Evite la tentación de enviar correos con demasiada frecuencia, Si sus correos empiezan a sentirse como "basura", usted simplemente será borrado.

• Construya una página de internet para su ministerio. Empiece un blog, use Twitter, YouTube y Facebook. En sus correos electrónicos, cartas de recibido y boletines informativos promocione razones para que las personas visiten su página de internet.

4. Organice un banquete.

Nosotros organizamos un banquete anual para nuestros socios en nuestra ciudad natal. Esto nos da la oportunidad de conectar con nuestros amigos, dar reportes victoriosos y compartir nuestras metas para el año siguiente. Usualmente hacemos nuestro banquete en una sala de conferencias de un hotel, en algún lugar de la iglesia o en

nuestra propia casa. Mike Smalley comparte estas ideas en su libro El manual del evangelista joven.

Llaves para organizar un banquete:

• Envíe invitaciones a todas las personas que usted conoce en su estado. Esto debe de incluir amigos de la iglesia, personas con las que usted trabaja, personas con las que haces negocios, y cualquier otra persona a la que usted normalmente le envía una tarjeta navideña.

• En la invitación incluya fecha, lugar y propósito del banquete. Incluya un sobre con una confirmación para que las personas invitadas confirmen su asistencia.

• Una semana antes del banquete, llame a todos los que asistirán para recordarles el evento. Alrededor del 10% de las personas que confirmaron, no asistirán, así que mantenga esto en mente cuando ordene la comida.

• Durante el banquete, muestre un video o diapositivas, comparta historias acerca de las personas que sus vidas han sido impactadas por su ministerio, y de detalles acerca de las metas y proyectos para el año entrante. Pídale a las personas que sea asocien a su ministerio a través de la oración o el apoyo mensual. También dé a sus invitados la oportunidad de sembrar en su ministerio recibiendo una ofrenda en el banquete.

Caja de Herramientas para el Ministerio

5. Reúnase con personas de negocios.

Terry Henshaw, es el director de misiones del Centro Cristiano Victoria en Tulsa, Oklahoma, y ha mostrado varias ideas respecto a reuniones con personas de negocios. Primero, encuentre a una persona que puede estar interesada en apoyarte. Empiece con las personas que usted hace negocios, y luego mire en el papel compañías que donan a grandes caridades. Después, pregúntele a quienes lo apoyan que te recomienden personas que podrían estar interesadas en ayudarte. Finalmente, haga una lista de potenciales personas de negocios, llame a sus oficinas e invítelos a comer.

Llaves para reunirse con personas de negocios:

• Califique a la persona a la que usted le está pidiendo dinero. Investigue su compañía. Llame a su secretaria. Haga preguntas. ¿Qué tipo de beneficencias u organizaciones le gusta ayudar? ¿Cuánto dinero es capaz de dar? Nunca le pida $50,000usd a alguien que solo puede hacer un cheque de $50usd. (Si tú lo haces, estás haciendo que su cheque parezca insignificante). Tampoco le pidas $50usd a una persona que puede hacer un cheque de $50,000usd. (Si usted lo hace, le estás haciendo perder su tiempo). También busque que actividades le gustan. Las personas exhiben en sus oficinas cuáles son sus intereses y pasatiempos. Mantenga sus ojos abiertos, observe.

• Invite la persona de negocios a un lindo y caro restaurante. Cuando ella está en su oficina el teléfono suena, las personas le pasan haciendo preguntas, y su lista de cosas pendientes están frente a ella. Las distracciones pueden prevenirla de escuchar lo que usted tiene que decir. Pero sacándolo de su entorno, puedes tener toda su atención.

Cómo Recaudar Dinero Para Su Ministerio

- Antes de la reunión vaya al restaurante y hable con la mesera o mesero. Pídele que te salude por el nombre y que te dé el mejor servicio que puedas tener. Pídele que se asegure de que el café de su persona invitada esté caliente y su copa de agua siempre esté llena. Prométale una gran propina por darle a su invitado el mejor servicio de su vida. La ultima instrucción que le das a la persona mesera es, que una vez que saques tu folder de recaudación de fondos, no te interrumpa más.

- Empiece preguntando, ¿Cuánto tiempo tiene? Porque las personas de negocios frecuentemente tienen una agenda ocupada, ellos valoran su tiempo. Conozca la cantidad de tiempo que tiene con la persona y respete su agenda.

- Construya una relación. Muestre que te importa ella a nivel personal. Hable acerca de su vida. Haga preguntas como éstas, ¿Cómo empezó su compañía? ¿Cómo hizo exitosa su empresa? Encuentre que es importante para la persona con la que usted se está reuniendo. Las personas en ocasiones mencionan sus luchas y frustraciones durante la reunión. Esté disponible para escuchar y ellas apreciarán su atención. Un gran donador dijo, "Todo lo que los recaudadores de fondos quieren es mi dinero. Yo solo le doy a alguien quien quiere una relación. Yo no me asocio con alguien que no sepa los nombres de mi esposa y mis hijos". A menudo las personas ricas buscan a alguien que hable espiritualmente de su vida. Si usted satisface sus necesidades espirituales, ellos le ayudaran a satisfacer sus necesidades financieras. Si usted se involucra en su vida, ellos se involucrarán en la suya.

- Traiga un folder que detalle exactamente su solicitud financiera. Dígale a la persona, "Quiero compartir algo con usted, que liter-

Caja de Herramientas para el Ministerio

almente es de vida o muerte para algunas personas. ¿Usted podría apagar su teléfono por 15 minutos?" Prepare su presentación para 15 minutos o menos. Cuéntele la historia de lo que usted va a hacer. Comunique su pasión. Transmítale que usted va a hacer el proyecto si lo apoye o no. Esa persona tiene que escuchar la pasión en su corazón y el compromiso en su voz. Recuerde, usted está pidiendo para otras personas; usted no está pidiendo para usted mismo. Pida en nombre de quien usted está ministrando.

• Invierta en hacer una página del proyecto de calidad para presentarla a la persona de negocios. Las personas responden al nivel que usted opera. Presente excelencia en su proyecto, y haga que se vea como un millón de dólares, incluso si imprimirlo le cuesta dinero extra. No le entregue el folder a la persona hasta que usted no esté listo para que él lo vea. Ella no puede enfocarse en leer y escuchar al mismo tiempo. Este seguro que su página del proyecto sea una punta de lanza. Hágala subrayada y en negrita. Muestre exactamente qué es lo que usted está haciendo y cuánto es el costo. Las personas de negocios están interesadas en la última línea. Rompa el proyecto en pequeños mordiscos. Recuerde, la única forma de comerse un elefante es un mordisco a la vez.

• Pídale a la persona de negocios que le ayude con el proyecto. No le diga, ¿Usted oraría para asociarse con nosotros? La mayoría de las personas no oran, no porque ellas no lo intentan, sino porque están muy ocupadas. Una vez que la persona de negocios salga de su reunión, su teléfono sonará y probablemente se olvidará de usted.

• Al final de la reunión simplemente vea la persona a los ojos y dígale, ¿Me ayudará a ayudar a ésas personas? No tenga timidez de esto. Después de que pregunte, no diga ninguna otra palabra hasta

que te responda. Si usted sigue hablando, puede afectar lo que ha logrado.

• Lleve la reunión hasta el paso final y pregunte, "Señor o señora _nombre__, ¿cuándo crees que pueda venir por ese cheque? Inmediatamente después de que usted cierre el trato, envíele un correo electrónico agradeciéndole y recordándole de su acuerdo.

6. Hable en iglesias, grupos pequeños y estudios Bíblicos.

Nosotros tomamos cada oportunidad de hablar que nos dan, no importa el tamaño de la audiencia. Encontramos que toda exposición es una buena exposición. Cuando usted hable (con el permiso del pastor), intente capturar la información de contacto de las personas de la audiencia, así usted puede continuar construyendo una relación. Para más información acerca de cómo predicar en iglesias, lea mi libro Cómo Agendar Conferencias en Iglesias.

7. Solicite Donaciones.

Hay aproximadamente 100,000 fundaciones en los Estados Unidos con casi un trillón de dólares en bienes. El truco es encontrar una fundación que esté dando dinero para proyectos del tipo que usted es llamado a hacer. Yo solo he tenido un éxito limitado en encontrar subsidios, pero tengo varios amigos que han sido mucho más exitosos en calificar para estas becas, subsidios o donaciones. Su éxito en obtenerlas va a depender de cuánto tiempo usted invierta en perseguirlas.

Caja de Herramientas para el Ministerio

Consejos para aplicar para donaciones:

- Hay mucha variedad de programas de entrenamiento, consultoría y conferencias que le pueden enseñar cómo aplicar para los subsidios.

- Aplicar para donaciones es una estrategia de desarrollo de largo tiempo. No se desmotive sino tiene éxito inmediato.

- En una propuesta de donaciones, incluya estos elementos:

Resumen: ¿Qué es lo que está solicitando? ¿Cuál es su plan?

Información acerca de su organización: ¿Cuál es el llamado de su organización? ¿Cuánto tiempo tiene de existir? ¿A quiénes ministra?

Descripción del problema y la solución: ¿Cuál problema estás tratando de solucionar? Muestre la cara del problema: ¿Quién está enfrentando este problema? Incluya estadísticas persuasivas acerca del problema. ¿Cuál es su solución para el problema?

Su Plan: Describa como usted va a solucionar el problema. ¿Cuál es su meta final? ¿Cuáles son algunos objetivos específicos para cumplir con su propósito?

Presupuesto: Describa su presupuesto anticipado. Incluya gastos personales, gastos directos del programa y gastos administrativos.

Información Adicional: Puede que usted necesite incluir una copia de su carta de donaciones de tributación, su certificación de ministerio no-lucrativo, una copia de su declaración de impuestos más reciente, una lista de los miembros de su junta directiva, un presupuesto actual e información general acerca de su organización.

No trate de convertir algo que usted no es solo para ganar donaciones. Muchas donaciones son por naturaleza restrictivas. Su visión y llamado deben conducir su búsqueda y aplicación de donaciones.

8. Desarrolle múltiples flujos de ingresos.

Uno de mis amigos de ministerio vende bienes raíces, otro alquila condominios y otro está involucrado en el mercadeo multinivel. Una madre en casa ayuda a otros promocionando sus libros mientas su esposo viaja a través de los océanos. Un trabajo de medio tiempo puede pagar sus gastos mientras su ministerio empieza a crecer. Pero trate de dar su mejor y más productivo tiempo al ministerio que Dios le ha llamado a hacer.

Nosotros ponemos todos los gastos del ministerio en una tarjeta de crédito que nos da millas en aerolíneas. En el transcurso del año podemos ganar varios tiquetes aéreos gratis. Claro, nosotros pagamos la tarjeta de crédito cada mes o los intereses rápidamente costarán más que el valor de cualquier tiquete que nosotros recibamos.

Capítulo 10

Sembrar

Hace varios años, tuve el privilegio de conocer a Oral Roberts en su condominio en California. En el carro de camino a su casa, sentí de Dios sembrar una semilla de $1,000usd a su vida. Al principio pensé que había escuchado mal a Dios. ¡Seguramente Él quiere que Oral Roberts me de $1,000usd! Pero Dios fue claro, yo era el que se suponía que debía dar.

Para entonces, $1,000usd era mucho dinero para mí. Mi hermano y yo viajábamos por todo Estados Unidos ministrando niños a través de espectáculos de payasos. Nos divertimos mucho, pero los niños daban ofrendas bajas. Por muchos años, tuvimos que economizar y ahorrar nuestro dinero, y nosotros teníamos justamente lo suficiente en nuestra cuenta bancaria, para sembrar la semilla.

A través de los años, Oral Roberts ha recaudado alrededor de un billón de dólares para el Cristianismo. Él no necesitaba mi ofrenda de $1,000usd. Pero Dios sabía que yo debía dársela a él. ¿Por qué? Porque yo necesitaba una cosecha.

En Obediencia a Dios, yo sembré la semilla. En seguida, milagros empezaron a suceder. Antes nosotros recibíamos ofrendas de $4.37usd, pero después de la siembra nosotros empezamos a recibir ofrendas de miles de dólares. Mi semilla de $1,000usd en el Ministerio Oral Roberts rompió la pobreza en mi vida.

Cómo Recaudar Dinero Para Su Ministerio

Otra vez, yo estaba en una conferencia con Mike Murdock. En el camino a la conferencia mi auto se dañó y lo deje parqueado en el patio del frente de una persona. Después de la conferencia yo programaba hacer una cruzada en Haití. Dios me dijo que sembrara una semilla de $500usd. Yo necesitaba el dinero para mi cruzada, pero en obediencia a Dios di la ofrenda.

Cuando llegue a Haiti, me faltaban $500 para el presupuesto que necesitaba. Estaba enojado con Dios porque no tenía el dinero y mi auto no funcionaba. Programamos visitar dos orfanatos, pero yo estaban tan deprimido que no quería ir. Yo he visitado orfanatos en todo el mundo, y todos ellos tienen una cosa en común: La persona encargada siempre pide dinero para ayudar a alimentar los niños y niñas del orfanato. Bastante seguro, llegamos al primer orfanato y el director me explico que necesitaba comprar arroz para los niños. Nuestro equipo logro reunir suficiente dinero para comprar arroz para seis meses.

Luego salimos para el segundo orfanato. Vi a la directora caminando hacia mí y mi corazón se entumeció. Yo sabía que ella pediría dinero. Pero, para sorpresa mía, ella dijo, "Estamos muy motivados de que ustedes estén aquí para alcanzar nuestra ciudad. Queremos ayudarles con los gastos de la cruzada". Ella metió la mano en el bolsillo y me dio exactamente $500usd, la cantidad que yo necesitaba. Eso fue como si Dios estuviera diciéndome, "Daniel, incluso en la nación más pobre del hemisferio oeste, Yo puedo proveer para sus necesidades".

Cuando llegué casa, uno de mis amigos llamo y dijo, "Daniel, queremos comprarte un auto nuevo." Por mi semilla de $500usd, Dios proveyó para mi necesidad y me bendijo abundantemente.

Los fondos recaudar que usted necesita se encuentran ocultos en la semilla que usted necesita sembrar. Si no tienes semilla en el suelo, nunca vas a cultivar una cosecha.

Una vez yo estaba orando para que Dios me diera algunos socios mensuales. Dios me preguntó, "Daniel, ¿a quién estás tú ayudando mensualmente? Me di cuenta que yo no estaba apoyando a ningún otro ministerio regularmente. Yo había dado donaciones grandes a personas, pero no había desarrollado la consistencia de dar habitualmente. Inmediatamente, hice el compromiso de apoyar varios ministerios mensualmente. En unas pocas semanas, Dios me dio más socios mensuales de los que yo había logrado tener en los dos años anteriores.

Mike Murdock dijo, "La semilla que usted siembra determina la cosecha que usted recibe. Lo que usted hace por otros, Dios lo hará por ti". Terry Henshaw dijo, "La medida de su retorno siempre está determinada por la magnitud de su siembra".

Este es el secreto más grande de la recaudación de fondos que puedo compartir contigo. Si usted realmente quiere levantar mucho dinero, entonces empiece a dar dinero. Entre más usted de, más Dios te dará a ti.

¿Nuestra Meta? Toda Alma!

Daniel & Jessica King

El Autor:

Daniel King y su esposa Jessica se conocieron en el centro de África, ambos estaban en un viaje misionero. Ellos son muy solicitados como conferencistas en iglesias y conferencias en toda América del Norte.

Su pasión, energía y entusiasmo son disfrutados por audiencias a donde quiera que vayan. Son evangelistas-misioneros internacionales que hacen festivales masivas, ganadores de almas, en países de todo el mundo. Su pasión por los perdidos les ha llevado a más de 50 naciones predicando el evangelio a multitudes que a menudo superan las 50 mil personas.

Daniel fue llamado al ministerio cuando tenía la edad de cinco años, y comenzó a predicar cuando tenía seis. Sus padres se convirtieron en misioneros a México cuando él tenía diez, y cuando él tenía catorce empezó un ministerio infantil que le dio la oportunidad de ministrar en iglesias de las más grandes de América, cuando todavía era un adolescente. A la edad de 15 años, Daniel leyó un libro en el que el autor motiva a la gente joven a ganar $1,000,000. Daniel reinterpreto el mensaje y decidió ganar 1,000,000 de personas para Cristo cada año.

Daniel es autor de veintiún libros incluyendo: El Poder de la Sanidad. El Secreto de Obed-Edom y el Poder del Fuego. Su libro Bienvenidos al Reino ha sido dado a decenas y centenas de miles nuevos creyentes.

Cruzadas de Milagros

Cruzadas de Milagros

Cruzadas de Milagros

DESCUBRE VALIOSOS RECURSOS

EL PODER DE LA SANIDAD

¿Necesitas sanidad? Este libro lleno de poder contiene 17 verdades, para activar su sanación hoy.

$20.00

EL PODER DEL FUEGO

Dentro de estas páginas usted aprenderá a ¿cómo tener el fuego de Dios? ¡Mantener el fuego de Dios! y a ¡Propagar el fuego de Dios!

$12.00

¡BIENVENIDOS AL REINO!

El libro perfecto para los nuevos creyentes. Aprenda cómo ser salvo, sanó, y entregado. (Disponible en descuentos por volume).

$20.00

LLAME AL : 1-877-431-4276
PO Box 701113
TULSA, OK 74170 USA

VISÍTENOS EN EL INTERNET EN:
WWW.KINGMINISTRIES.COM

DESCUBRE VALIOSOS RECURSOS

Alcanzado a Los Niños Del Mundo

Este libro es un curso básico de "cómo hacer" el ministerio de niños. Usted aprenderá métodos creativos para enseñar a los niños, cómo llevar un niño a Cristo, cómo enseñar a memorizar un verso, cómo ilustrar con objetos, una base bíblica para el ministerio de niños, y cómo utilizar marionetas, payasos y teatro.   *$12.00*

Cómo Recaudar Dinero Para Su Ministerio

En éste Libro Usted Descubrirá:
* 10 secretos para recaudar dinero para su Ministerio.
* Cómo financiar la visión que Dios le ha dado.
* Por qué es más importante ser un "recaudador de amigos" que un "recaudador de fondos".   *$12.00*

Ganando Almas

Inspiración para llegar a los perdidos.
¿Tienes pasión por los perdidos? Este libro comparte más de 150 verdades sobre ganar almas.

$10.00

LLAME AL : 1-877-431-4276
PO BOX 701113
TULSA, OK 74170 USA

VISÍTENOS EN EL INTERNET EN:
WWW.KINGMINISTRIES.COM

La visión de King Ministries es de evangelizar a los perdidos,
enseñar, capacitar y edificar
el cuerpo de Cristo en todo el mundo.

Si quisiera que Daniel King visite su iglesia, escriba:

King Ministries International
PO Box 701113
Tulsa, OK 74170 USA

King Ministries Canada
PO Box 3401
Morinville, Alberta T8R 1S3 Canada

O llame al:1-877-431-4276
(en los Estados Unidos)

o visítenos en el Internet en:
www.kingministries.com

E-Mail:
daniel@kingministries.com

www.ingramcontent.com/pod-product-compliance
Lightning Source LLC
Chambersburg PA
CBHW072017060426
42446CB00043B/2644